Collection de Feu M. G. POCHET

DESSINS

MODERNES

QUATRIÈME PARTIE

Mᵉ **MAURICE DELESTRE**, Commissaire-Priseur

5, RUE SAINT-GEORGES, 5

MM. **LÉON SAPIN** ET **LOYS DELTEIL**

EXPERTS

CATALOGUE

DES

DESSINS

CONDITIONS DE LA VENTE

Elle sera faite au comptant.

Les acquéreurs paieront **dix pour cent** en sus des adjudications.

MM. Léon Sapin et Loys Delteil rempliront les commissions que voudront bien leur confier les amateurs ne pouvant y assister : ils se réservent, en outre, la faculté de diviser ou de rassembler les lots.

MM. les amateurs pourront visiter la collection, **22, rue des Bons-Enfants,** du mercredi 4 février au vendredi 6, de 10 heures à 4 heures.

Collection de Feu M. G. POCHET

CATALOGUE

DES

DESSINS

ŒUVRES DE

**CARPEAUX — CHÉRET — DEGAS
FORAIN — GOYA — GUYS — LAUTREC
LEGRAND — RASSENFOSSE
ROPS — STEINLEN — WILLETTE, etc.**

QUATRIÈME PARTIE

DONT LA VENTE AURA LIEU A PARIS

HOTEL DROUOT, SALLE N° 10

Le Samedi 7 Février 1903

A 2 HEURES PRÉCISES

Par le Ministère de Me **MAURICE DÉLESTRE**, commissaire-priseur

5, RUE SAINT-GEORGES, 5

ASSISTÉ DE

M. LÉON SAPIN, libraire expert | **M. LOYS DELTEIL**, artiste graveur expert
3, RUE BONAPARTE, 3 | 22, RUE DES BONS-ENFANTS, 22

Bon 5. de Ric.

DESSINS

ABBEMA (LOUISE).

1. *Année fleurie*, capucines et pavots.

> Aquarelle in-fol., sur papier du Japon, avec empreinte de planche.
> Signée,

ADAM (VICTOR).

2. Une Séance de bâton dans une salle d'armes.

> A la mine de plomb.

ANQUETIN.

3. Femme se coiffant.

> A la sanguine. Signé.

4. Cavalier faisant sauter son cheval.

> A l'encre de Chine. Signé.

AVRIL (PAUL).

5. Manon Lescaut.

> Deux dessins à la plume lavés d'encre de Chine. Signés.

BAC (FERDINAND).

6. Scènes de *Beaucoup de bruit pour rien*. *Les joyeusetés de l'année*, *Le Roi Koko*, etc.

> Dix dessins à la plume. Signés.

BERRICHON (PATERNE).

7. Mallarmé (Stéphane), 1895. — Cazals (A. F.), 1891.
   Deux dessins, le second rehaussé d'aquarelle. Signés.

8. Portraits de Femmes. — Études de Femmes.
   Dix dessins, plusieurs rehaussés. Signés.

BLIGNY (A.).

9. Le Régiment qui passe. — L'Exercice des Bleus. — Fantaisie de Carnaval.
   Trois dessins lavés d'aquarelle. Signés.

BOTTINI (GEORGES).

10. Au Bar, 1897.
    Aquarelle. Signée. Sous verre.

BOUTET (HENRI).

11. *Nous avons été épatées de voir que vous n'étiez pas juif.* — Danseuse.
    Deux dessins rehaussés de pastel. Signés.

BRACQUEMOND (FÉLIX).

12. Echerac (d').
    Dessin au crayon noir pour l'eau-forte (n° 36 de H. Beraldi). Signé.

13. L'Exposition universelle de 1867, projet d'éventail. — Projets de frontispices.
    Trois dessins.

CARRIÈRE (EUGÈNE).

14. Femme lisant.
    Deux croquis (recto et verso, projet de vignette pour le *Musée du soir*.

CARPEAUX (Jean-Baptiste).

15. Convoi de blessés, Villejuif, 1870.

    À la plume et crayon noir. Signé. Encadré.

CASAS.

16. L'Espagnole à la Mantille.

    Beau et important pastel sur papier Ingres. Signé.

CASTELLI (Horace).

17. Titres de Romances. — Scènes de romans. — Titres et maquettes d'affiches.

    Quarante aquarelles ou dessins.

CHÉRET (Jules).

18. La Femme aux masques, 1876.

    À l'encre de Chine, avec rehauts de crayon et gouache. Signé.
    On y a joint une épreuve de la reproduction, légèrement réduite.

19. Maquette pour une des affiches de l'Hippodrome.

    À l'encre de Chine avec rehauts de couleurs et de gouache. Signée.

20. *Ukko'Till*, croquis à la plume avec rehauts de rouge et de gouache.

    On y a joint une épreuve de la lithographie inspirée de ce croquis.

CLAIRIN (G.).

21. Compositions pour *Theodora*? — Croquis de femme en marge d'une poésie de Victorien Sardou.

    Quatre dessins à la plume. Signés.

DEGAS.

22. Étude de Fillette.

    Beau croquis au crayon noir avec légers rehauts de blanc. Signé.

DELACROIX (Eugène).

23. Études de figures.

    Neuf croquis à la mine de plomb.

DETAILLE (ÉDOUARD).

24. Tambour Écossais.
   A la plume sur papier calque. Signé.

FAUCHÉ (L.) DEZAUNAY

25. Femme cousant. — Paysanne bretonne.
   Deux dessins. Signés.

FORAIN (JEAN-LOUIS).

26. Scène bourgeoise.
   Au crayon noir. Signé. Encadré.

FORTUNY (MARIANO) (?).

27. Le Favori du Prince.
   A la plume, lavé d'encre de Chine.

GÉRARDIN (A.).

28. Têtes de chapitre et culs-de-lampe pour : *Dans les châtaigniers*, par PAUL ARÈNE ; *Fleur de Blé*, par C. LEMONNIER ; *Juif Errant*, par H. PASSÉRIEUX ; *le Pont*, par ARMAND SILVESTRE.
   Six dessins à la plume, lavés d'encre de Chine et rehaussés de gouache. Signés du monogramme de l'artiste.

GIACOMELLI (HECTOR).

29. Scènes d'oiseaux.
   Deux dessins à la plume, lavés d'encre de Chine.

GILL (ANDRÉ).

30. Portrait en pied de Gill, photographie. — Gill en prison, dessin du caricaturiste avec la légende suivante :
   « Voilà mon portrait depuis 6 semaines. Mes soi-disant amis sont venus me voir comme on va voir la girafe, mais nul n'a eu la pensée si simple de me faire sortir. Quant à Gambetta et Rochefort, je leur ai écrit et télégraphié deux fois ; mais aucun de ces deux paladins n'a jugé à propos de s'émouvoir. C'est pourquoi je les prie d'être assurés de mon incurable mépris, et, à l'occasion, de mon plaisir à les souffleter de fond en comble. And. GILL. »

GOYA Y LUCIENTES (Francesco).

31. *Caricatura d'las carracas. — Es dia de su Santo. — Disparate pensar...*

Trois dessins à l'encre de Chine, deux exécutés *face* et *recto* d'une même feuille.

GRANDVILLE (J. J. Isidore).

32. Résurrection de la Censure.

A la plume, lavé de bistre et d'encre de Chine. Signé: *J. J. Grandville qui n'a pas changé d'opinion.*
On y a joint la lithographie exécutée en sens inverse d'après ce dessin.

33. Dieu de Dieu!... et avec un garde du corps encore!... — Charges et scènes humoristiques. — Lettres de faire-part. — Lettre autographe.

Neuf dessins, autographes et imprimés.

GRANDVILLE (attribué à J. J. I.).

34. Louis-Philippe faisant mine de pleurer devant le passage du convoi funèbre de La Fayette. — Louis-Philippe et la République.

Deux dessins à la plume, lavés de bistre.

GRASSET (Eugène).

35. Représentation d'un *Mystère* sur le Parvis Notre-Dame, au Moyen Age.

Importante composition exécutée à la plume et lavée d'aquarelle. Signée.

36. Maquette pour la *Bougie de la Rose*.

Aquarelle.

37. Tentures orientales. — Cantine militaire.

Cinq dessins ou croquis.

38. *La Librairie romantique*, trois petites maquettes différentes pour l'*Affiche*.

A la mine de plomb, lavées d'encre de Chine, rehauts.

39. Motifs chinois.

Six dessins à la plume, signés du monogramme de l'artiste, montés en un album in-4, cart.

GUYS (CONSTANTIN).

40. Scène de Bal.
     A la plume, rehaussé d'aquarelle.

41. Un Équipage royal. — Équipage du grand monde.
     Deux dessins à la plume, rehaussés d'aquarelle.

42. Conversation. — Dans une Soirée. — Une Revue.
     Trois dessins à la plume rehaussés d'aquarelle.

43. Voitures. — La Promenade. — Causerie.
     Quatre dessins à la plume.

44. Voitures.
     Huit dessins à la plume.

45. Scènes de Filles.
     Six dessins à la plume.

46. Scènes de Filles.
     Sept dessins, plusieurs rehaussés d'aquarelle.

47. Scènes diverses.
     Neuf dessins à la plume.

HEIDBRINCK (OSWALD).

48. Les Mois illustrés.
     Suite de douze importantes compositions exécutées à la plume avec de légers rehauts de bleu. Signés.

HENRIOT (HENRI MAIGROT, dit).

48 *bis*. L'Agence Boulingrin. — Inconsolables. — Une Comédie de Famille. — Correspondance intime, etc.
     Quatorze dessins à la plume. Signés.

HERVIER (ADOLPHE).

49. Feuille de croquis : figures, motifs de paysages.
     A la mine de plomb. Signée.

LANÇON (AUGUSTE).

50. Le Musée de Cluny. — Étude d'homme. — Études d'animaux.
Une aquarelle et trois dessins. Signés.

LAUTREC (HENRI, comte DE TOULOUSE-).

51. Chanteuse de café-concert.
A l'encre de Chine, rehaussé d'aquarelle. Signé du monogramme de l'artiste.

52. Les deux horizontales.
A l'encre de Chine avec légers rehauts de couleurs. Signé du monogramme de l'artiste.

53. Luce Myrès. — Footit.
Deux croquis. Signés.

54. La Charette. — *Zut! encore une pièce du papa!!!*
Deux croquis. Signés.

LÉANDRE (CHARLES).

55. Charge de Coquelin Cadet. — Tête de vieillard. — Scène de mœurs.
Trois dessins, deux sont signés.

LEBÈGUE (LÉON).

56. Le Régiment, par Jules Mary et G. Grisier. — *Non, plus de fard..* — L'Eternelle blessée. — *Chez qui avez-vous posé pour la première fois...* — Paris port de mer. — Sur la butte.
Six dessins. Signés.

LEGRAND (LOUIS).

57. *Quand c'est pas les chiens, c'est les chats! quelle scie, Monsieur L...*
Important dessin au crayon noir sur papier rose. avec rehauts de gouache et de sanguine. Signé. Légende manuscrite.

58. Derrière l'Ombrelle.
Au crayon noir avec rehauts d'aquarelle. Signé.

59. Le Corset.
Au crayon noir avec légers rehauts. Signé.

60. **Exercice de Danse.**
> Croquis au crayon noir avec rehauts de couleurs. Signé.

61. **Deux Femmes. — La Nourrice au corsage ouvert.**
> Deux croquis au crayon noir avec rehauts de couleurs. Signés.

62. *Elle s'appelle toujours Catherine... — Entre nous, ma vieille, ce qu'il y a de mieux chez le bourgeois, c'est la bonne, 1885.*
> Deux dessins à la plume. Signés.

LEGROS (Alphonse).

63. *Six Eaux-Fortes par Alphonse Legros, avec une introduction par Champfleury, 1875. Projet de frontispice.*
> A la plume.

LIPHART (Ernest de).

64. **La Gloire couronnant Victor Hugo, représenté en 3 médaillons à divers âges de sa vie.**
> A la plume. Signé.

LOBRICHON (Timoléon).

65. **Le Baiser. — Scènes de la Campagne.**
> Trois dessins au crayon noir, signés.

LOUIS-PHILIPPE Ier, roi des Français.

66. **Mme Pipelet.**
> Dessin à la plume. On y a joint deux souscriptions *autographes* d'enveloppes, adressées par le Roi à la Princesse Adélaïde.

LUCE (Maximilien).

67. **Mevisto. — Études de personnages pour le *Petit Betting*. — Croquis divers.**
> Trente-cinq dessins au crayon noir.

LYNCH (A.).

68. **Scènes de romans. — La Femme à l'ombrelle.**
> Six dessins à la plume, un rehaussé d'aquarelle. Signés.

MARLET.

69. Les Saltimbanques (Tableaux de Paris).
     A la plume.

MAURIN (Ch.). — MORIN (Louis).

70. Vachère. — Un Espagnol.
     Deux dessins signés.

MÉLINGUE

71. Mélingue en pied dans un rôle, dessiné par lui-même.
     Au crayon noir avec rehauts de blanc.

MÉRIMÉE (Prosper).

72. Mérimée, sous le nom de Clara Gazul, lithographie par Scheffer.
     Croquis divers exécutés à la mine de plomb ou à la plume par Méri-
     mée. Six dessins.

MILCENDEAU (G.-I.).

73. Jeune Femme des Sables-d'Olonne, 1899.
     Au crayon noir. Signé. Sous verre.

MOREL (Pierre).

74. La Chanson des Gueux, par Jean Richepin.
     Cent soixante-sept dessins à la plume avec lavis d'encre de Chine et
     rehauts de bleu.

MORIN (Gustave).

75. La Sortie de l'Église.
     Aquarelle. Signée.

76. Le Retour de la Guerre.
     Aquarelle. Signée.

NADAR (Félix Tournachon, dit).

77. Portrait-charge de Champfleury.
     Au crayon noir avec rehauts de gouache. Signé.

NANTEUIL (CÉLESTIN)

78. *José Maria*, Opéra-comique, maquette de l'affiche.   30

Au crayon noir. Signature griffe.

79. La Prisonnière.   7

Croquis à la mine de plomb pour un *titre de Romance*; on y a joint une épreuve du titre lithographié.

80. *Sic itur ad Astra*.   2

Croquis à la mine de plomb pour un *titre de romance*; on y a joint une épreuve du titre lithographié.

81. Encadrement orné. Compositions diverses. — Croquis.   10

Sept dessins.

PHILIPON (CHARLES).

82. *Je vous aime, Adolphe… — Allons, ne vas-tu pas faire la grimace au Cousin?*   50

Deux dessins rehaussés d'aquarelle. Signés.

RASSENFOSSE (A.).

83. La Folie gardant la Chimère.   40

Au crayon noir avec légers rehauts de pastel. Signé et daté.

84. La Muse vénale.   100

Important dessin au crayon noir et à la sanguine. Signé.

85. L'Appel.   16

Au crayon noir avec légers rehauts de couleurs. Signé du monogramme de l'artiste et daté : 1893.

86. Séduction.   50

Au crayon noir rehaussé de pastel. Signé : 1892.

87. Offrande.   31

Au crayon noir rehaussé de pastel. Signé du monogramme de l'artiste.

88. *Anna II., étude de Fille*.   31

Au crayon noir avec légers rehauts. Signé du monogramme de l'artiste.

89. **Appel. — A la Brasserie.**

> Deux dessins au crayon noir avec rehauts. Signés du monogramme de l'artiste.

28

90. **Profil de Femme.**

> Au crayon noir avec légers rehauts. Signé et daté : 1893.

19

91. **Portrait de Femme.**

> Dessin presque entièrement exécuté au pastel. Signé.

22

92. **La Belle Hollandaise. — Étude de Femme au corsage ouvert, 1894.**

> Deux dessins rehaussés de pastel. Signés.

4 6

93. **Le Modèle. — Rencontré à Montmartre le 21 février 1894. — Étude.**

> Trois dessins avec légers rehauts de couleur. Signés.

26

94. **Études de Femmes et de Filles.**

> Six dessins au crayon noir. Signés.

8 0

REGNAULT (Henri).

95. **La Prière à la Mosquée.**

> A la plume, lavé d'encre de Chine. Signé et timbré.

1 3 0

RIBOT (Théodule).

96. **Tête de vieillard.**

> Croquis à la plume. Signé.

2

RIVIÈRE (Henri).

97. **Scènes de la vie parisienne.**

> Trois dessins à la plume, lavés d'encre de Chine et rehaussés de gouache. Signés.

7

ROPS (Félicien).

98. **Le Vol et la Prostitution dominant le Monde.**

> Important dessin au crayon noir rehaussé de pastel. Signé.

600

99. **Les devises de Rops.**

> Dix dessins à la plume, de forme ovale ou ronde. signés.
> Ont été reproduites.

100. La Dame au Pantin. — Homme adossé contre un arbre. — Tête d'Homme. Trois dessins à la plume sur la même feuille, avec dédicace : *A mon ami Georges* (le restant gratté).

101. Une Pianiste Shakers, Philadelphie.

> A la plume. Signé. Encadré.

102. La Femme au bronze, *croquis pour un volume de Jean de Tinant.*

> Au crayon noir avec rehauts de pastel. Signé.

103. Étude première pour le Frontispice des *Notes d'un vagabond*, par Jean Dardenne.

> Dessin au crayon noir avec rehauts de sanguine et de craie; signé des initiales F. R.

104. L'Incroyable.

> Charmant croquis à la plume sur bois. Signé.

105. *Ah! la Nourrice! j'en veux être de son lunch.*

> Croquis à la plume sur une lettre autographe de Rops, s. d. 1892. *Je me suis remis au travail,* écrit-il, *pour transmettre ces racontars aux Jeunes, et effaroucher à nouveau les oreilles de cette honnête Bourgeoisie qui nous a donné Panama! «Un joli troupeau de mufles!» comme disait le vieux Gavarni...*

106. Étude de Femme portant une gerbe. — L'Eau-forte. — Croquis de Femmes.

> Quatre croquis à la plume ou au crayon noir. Signés.

107. Tête d'homme. — Figure décorative. — La Femme aux Crânes. — Étude.

> Quatre croquis à la plume ou au crayon.

108. Cahier de croquis de la jeunesse de Rops, contenant, outre un *billet de contentement* décerné à Rops, le 5 novembre 1848, au *collège Notre-Dame-de-la-Paix*, de nombreux croquis portant, entre autres dates, celles de 1859 et de 1861.

SÉGUIN (Gérard).

109. Composition pour *Mes prisons*, par Silvio Pellico.

> Huit dessins à la mine de plomb, la plupart accompagnés d'une épreuve des planches gravées d'après ces dessins.

SOMM (HENRY).

110. Japonisme.   26
> Aquarelle. Signée.

111. Lettres de l'Alphabet, illustrées (A à P). — Croquis de Femmes.   34
> Deux aquarelles et dix-neuf dessins à la plume. Signés.

112. Frontispices pour le *Violon de faïence, Sylvie, La Chartreuse de Parme, Le Colonel Chabert*, etc.
> Dix aquarelles. Signées.

113. Frontispices pour Nouveaux contes à Ninon, Famille Cardinal, Nouvelles d'Alfred de Musset, etc.
> Dix aquarelles. Signées.

140

114. Menus. — Scènes de genre. — Études de Femmes.   30
> Vingt-cinq croquis à la plume, la plupart signés.

STEINLEN (R. A.).

115. Retour de Bal costumé.   140
> Beau et important dessin à la plume rehaussé de crayons de couleurs Signé.

116. Idylle.   68
> Important et beau dessin au crayon noir et à la plume.

117. Mon gigolo.   58
> Important et beau dessin au crayon noir et à la plume avec rehauts de bleu. Signé.

118. Le long de la Berge.   53
> Important dessin au crayon noir avec rehauts de bleu: au verso autre dessin : *Fillette en corset et croquis divers.*

119. Les deux Filles.   30
> Au crayon noir.

120. *V'là le choléra.*   20
> A la plume et à la mine de plomb sur papier Gillot. Signé.

121. Silhouettes diverses.   16
> Deux feuillets contenant de nombreux croquis tracés à la plume.

122. Fortifs. — Baiser maternel. — Berceuse de Marcel Legay.   32
> Trois dessins ou croquis, deux sont signés.

123. **Trottins. — Croquis de la Rue. — Devant une Tombe.**
Trois dessins à la plume, signés.

124. *Alléluia*, par Aristide Bruant.
Cinq croquis à la mine de plomb.

125. **Roger la Honte.**
Cinq dessins à la plume avec rehauts de bleu. Signés.

126. **Scènes du *Bossu* et de *Surcouf*.**
Sept dessins à la plume, avec rehauts au crayon bleu, quatre sont signés.

127. **Prison fin-de-siècle. — Illustrations pour un Roman.**
Dix-huit dessins ou croquis, signés.

SYLVESTRE (J. E.).

128. **Coins du Vieux Paris.**
Neuf dessins ou croquis. Signés.

129. **Études de Femmes. — Scènes de genre.**
Trente dessins ou croquis, la plupart signés.

TRAVIÈS (C. J.).

130. **Scènes de mœurs. — Types du peuple.**
Sept dessins par ou attribués à Traviès, la plupart signes.

VIERGE (Daniel).

131. **Scène de la guerre d'Espagne.**
A la plume, lavé d'encre de Chine et rehaussé de gouache. Signé. Sous verre.

132. **Scène de la guerre d'Espagne.**
A la plume, lavé d'encre de Chine et rehaussé de gouache. Signé.

VILLON (Jacques).

133. **Danseuse espagnole.**
A la plume, lavé d'aquarelle et d'encre de Chine. Signé du monogramme de l'artiste.

WILLETTE (Adolphe).

134. *Oui, ma petite, sans la guillotine, j'aurais fêté la première barbe de Monsieur Chevreul.*

    A la mine de plomb avec rehauts de bleu. Signé.

135. Frontispice pour *La Légende de l'Aigle*, par G. d'Esparbès.

    A la plume avec rehauts au crayon bleu. Signé. Encadré.

136. *Castigat ridendo mores*, projet d'encadrement.

    A la mine de plomb avec légers rehauts de sanguine et de bleu. Signé.

137. Croquis de Femme nue.

    Plume et crayon bleu. Encadré.

138. Le Marché d'Esclaves.

    A la plume. Signé. On y a joint deux reproductions sur zinc et sur cuivre.

139. Mort au taureau.

    Deux croquis à la plume recto et verso avec rehauts de rouge et de bleu, celui du recto signé du monogramme de l'artiste.

140. La Laitière du Domaine des Pins.

    A la plume. Signé. A été reproduit dans le *Courrier français*.

141. Le Pouvoir de l'argent?

    Au crayon bleu. Signé.

142. Le Gentilhomme et la Mort.

    A la plume. Signé.

143. L'Amour cloué. Jeune fille ouvrant son corset. — Tête de jeune Femme.

    Trois dessins à la plume, sur la même feuille.

144. Au Café. — Rue Miromesnil. — Allégorie politique.

    Quatre dessins ou croquis, trois sont *signés*.

145. Fantaisie macabre. — Études diverses.

    Huit croquis, un est signé du monogramme de l'artiste.

146. Sous ce numéro il sera vendu un certain nombre de dessins non catalogués.

Paris. — Typ. Philippe Renouard, 19, rue des Saints-Pères. — 42985

9 782329 501352